krapfen * Mandel
chen * Be...
uss-Nougat-Kränze
stbaumschmuck * L
k * Himmelsbrötche
llte Herzen * Lebku
t * Walnussküssche
kant-Makronen * P
tschnitten * Nusse
sen * Gefüllte Waln
on-Herzen * Zitrone
rne * Nussmakrone
bäck * Früchtetaler

THORBECKES

Kleine Weihnachtsbäckerei

Mit Rezepten von Magda Drostel

Jan Thorbecke Verlag

Inhalt

Butterzeug

ZUTATEN FÜR CA. 100 STÜCK:

500 g Butter

500 g feinster Zucker

4 Eier

750 g Mehl

2 EL Arrak

Zucker und Zimt
  zum Bestreuen

1. Die Butter mit dem Zucker schaumig rühren, nach und nach die Eier zufügen und so lange schlagen, bis sich der Zucker aufgelöst hat. Das Mehl und den Arrak dazugeben und alles zu einem glatten Teig verarbeiten. Am besten über Nacht kalt stellen.

2. Den Teig auf einer bemehlten Arbeitsplatte ca. ½ Zentimeter dick ausrollen und mit den schönsten Ausstechformen Plätzchen ausstechen. Auf mit Backpapier ausgelegte Backbleche legen und im vorgeheizten Backofen bei 175 °C ca. 10–12 Minuten backen. Noch warm mit Zimtzucker bestreuen oder darin wälzen.

Husarenkrapfen

200 g Butter

100 g Zucker

1 Pk. Bourbon-Vanille-
zucker

5 Eigelb

350 g Mehl

Marmelade oder Gelee

3 EL gehackte Mandeln

1. Die Butter schaumig rühren, den Zucker, den Vanillezucker und 4 Eigelb dazurühren. Das Mehl zufügen und alles zu einem festen Teig verkneten.

2. Aus dem Teig nussgroße Kugeln formen, die Kugeln etwas plattdrücken und auf der Oberseite eine Vertiefung hineindrücken. In diese Vertiefung Marmelade oder Gelee füllen.

3. Den Rand mit dem übrigen, verquirlten Eigelb bestreichen und mit den gehackten Mandeln bestreuen. Auf ein mit Backpapier ausgelegtes Backblech setzen und im vorgeheizten Backofen bei 170 °C ca. 15 Minuten backen.

Mandelstreifen

ZUTATEN FÜR CA. 70 STÜCK:

3 Eiweiß

1 Prise Salz

80 g Butter

100 g feinster Zucker

3 Eigelb

2 TL Lebkuchengewürz

80 g geriebene
  Vollmilchschokolade

1 Pk. Citroback

20 g Speisestärke

150 g gemahlene
  Mandeln

80 g Mandelstifte

Johannisbeer-
  marmelade

120 g Puderzucker

1 EL Zitronensaft

1 Eiweiß für die Glasur

1. Die Eiweiße mit einer Prise Salz sehr steif schlagen. Die Butter mit dem Zucker schaumig rühren, nach und nach die Eigelbe, das Lebkuchengewürz, die Schokolade und das Citroback zufügen und weitere 2 Minuten rühren. Dann die mit der Speisestärke vermischten Mandeln, Mandelstifte und den Eischnee vorsichtig unterheben.

2. Ein Backblech mit Backpapier auslegen und mit Papierstreifen oder einem Backrahmen auf eine Größe von ca. 40 x 25 Zentimeter begrenzen. Den Teig gleichmäßig auf das Backpapier aufstreichen und im vorgeheizten Backofen bei 175 °C ca. 20 Minuten backen.

3. Das Blech aus dem Ofen nehmen und den Teig noch warm mit der glatt gerührten Johannisbeermarmelade bestreichen.

4. Aus dem Puderzucker, dem Zitronensaft und dem Eiweiß eine Glasur rühren und das noch warme Gebäck damit überziehen. Dann in Streifen von ca. 8 Zentimetern Länge und 3 Zentimetern Breite schneiden und erkalten lassen.

Bischofsmützchen

ZUTATEN FÜR CA. 60 STÜCK:

200 g Mehl

70 g Zucker

1 Pk. Vanillezucker

100 g Butter

1 Eigelb

1 Prise Salz

3 Tropfen Arrak

1 Eiweiß zum Be-
streichen

Marmelade, z.B. Apri-
kose oder Himbeere

Puderzucker zum
Bestäuben

1. Das Mehl auf die Arbeitsfläche sieben, den Zucker und den Vanillezucker daruntermischen. Die Butter in Flöckchen daraufsetzen und alles rasch zusammen mit dem Eigelb, dem Salz und dem Arrak zu einem glatten Teig verkneten. In Folie einwickeln und eine Stunde im Kühlschrank ruhen lassen.

2. Den Teig ca. 3 Millimeter dick ausrollen, runde Plätzchen von ca. 4–5 Zentimetern Durchmesser ausstechen und mit verquirltem Eiweiß bestreichen. In die Mitte einen Tupfer Marmelade setzen. Mit drei Fingern die Plätzchen am Rand nehmen und über der Marmelade zusammendrücken, sodass ein Dreispitz, ähnlich einer Bischofsmütze, entsteht. Auf ein mit Backpapier ausgelegtes Backblech setzen und ca. eine Stunde kalt stellen.

3. Dann im vorgeheizten Backofen bei 180 °C ca. 12–15 Minuten backen. Mit Puderzucker bestäuben.

Bethmännchen

200 g Marzipan-
   Rohmasse
75 g Puderzucker
70 g gemahlene
   Mandeln
2 TL Mehl
1 Eiweiß
halbierte Mandeln
etwas Eigelb

1. Die Marzipan-Rohmasse mit dem Puderzucker, den gemahlenen Mandeln, dem Mehl und dem leicht geschlagenen Eiweiß verkneten.

2. Aus dem Teig kleine Häufchen formen und auf ein mit Backpapier ausgelegtes Backblech setzen. Jeweils drei halbierte Mandeln mit der Spitze nach oben seitlich an die Häufchen andrücken. Mit Eigelb bestreichen.

3. Im vorgeheizten Backofen bei 160 °C ca. 12–15 Minuten backen.

Ausstecherle

ZUTATEN FÜR CA. 60 STÜCK:

250 g Mehl

125 g Zucker

100 g Butter

4 Eigelb

farbige Zuckerstreusel

1. Das Mehl mit dem Zucker auf der Arbeitsfläche vermischen, die Butter in Flöckchen dazugeben und alles zusammen mit den Eigelben zu einem glatten Teig verarbeiten. Eine Stunde in Folie eingewickelt im Kühlschrank ruhen lassen.

2. Auf bemehlter Arbeitsfläche messerrückendick ausrollen und beliebige Formen ausstechen. Mit Zuckerstreuseln bestreuen und im vorgeheizten Backofen bei 170 °C ca. 10 Minuten backen.

Nuss-Nougat-Kränze

ZUTATEN FÜR CA. 30 STÜCK:

250 g Mehl

75 g Zucker

1 Pk. Vanillezucker

125 g Butter

1 Ei

200 g Nuss-Nougat
masse

100 g ganze Haselnüsse

200 g Halbbitterkuver-
türe

1. Das Mehl auf die Arbeitsfläche sieben, den Zucker und Vanillezucker damit vermischen. Die Butter in Flöckchen darauf verteilen, das Ei dazugeben und alles zusammen zu einem glatten Teig verarbeiten. Eine Stunde im Kühlschrank kalt stellen.

2. Den Teig auf einer bemehlten Arbeitsfläche messerrückendick auswellen und Ringe von ca. 5–6 Zentimetern Durchmesser ausstechen und auf ein mit Backpapier ausgelegtes Backblech legen. Im vorgeheizten Backofen (170 °C) ca. 8 Minuten backen. Auskühlen lassen.

3. Die Nougatmasse über dem Wasserbad anwärmen. Die Ringe auf der Unterseite damit bestreichen und jeweils zwei Ringe zusammensetzen.

4. Die ganzen Haselnüsse in der Pfanne anrösten und die Haut mit einem Geschirrtuch abreiben.

5. Die Haselnüsse ganz leicht in die Nougatmasse eintauchen und die Plätzchenringe damit garnieren. Fest werden lassen.

6. Die Halbbitterkuvertüre über dem Wasserbad erwärmen und die Nusskränze mit der Nussseite darin eintauchen. Trocknen lassen.

Berliner Brot

2 Eier

2 EL warmes Wasser

2 EL Rum

200 g Zucker

1 EL Zimt

50 g klein gehacktes
Zitronat

100 g gehackte Zart-
bitterschokolade oder
Schokoladenplättchen

75 g gehackte Hasel-
nüsse

75 g gemahlene
Mandeln oder Nüsse

250 g Mehl

1 TL Backpulver

200 g Zartbitter-
Kuvertüre

1. Die Eier mit dem Wasser und dem Rum schaumig rühren, nach und nach den Zucker einrieseln lassen und so lange schlagen, bis die Masse weiß-cremig ist.

2. Zimt, Zitronat, Schokolade, Nüsse und das mit dem Back-pulver vermischte Mehl unterrühren.

3. Den Teig auf ein mit Backpapier ausgelegtes Backblech streichen und im vorgeheizten Backofen bei 200 °C ca. 15–20 Minuten backen. Herausnehmen und sofort in Streifen mit ca. 6 Zentimetern Länge und 2 Zentimetern Breite schneiden. Auskühlen lassen.

4. Die Zartbitter-Kuvertüre über dem Wasserbad schmelzen und die Enden des Berliner Brots darin eintauchen.

Christbaumschmuck

ZUTATEN FÜR CA. 50 STÜCK:

500 g Mehl

200 g feinster Zucker

1 Pk. Backpulver

100 g Butter

2 Eier

4–5 EL Milch

1 TL abgeriebene
Zitronenschale

je nach Wunsch: Zucker-
guss in verschiedenen
Farben

1. Das Mehl mit dem Zucker und dem Backpulver vermischen, die Butter in Flöckchen daraufsetzen. Mit den Eiern, der Milch und der Zitronenschale zu einem Teig verkneten. In Folie gewickelt eine halbe Stunde kalt ruhen lassen.

2. Den Teig messerrückendick ausrollen und entweder mit schönen Ausstechformen oder mit selbst geschnittenen Schablonen weihnachtliche Motive ausstechen. Ein Loch zum Aufhängen einstechen, die Plätzchen auf Backpapier legen und im vorgeheizten Backofen bei 175 °C ca. 10 Minuten backen.

3. Auf einem Kuchengitter auskühlen lassen. Dann die einzelnen Plätzchen mit farbigem Zuckerguss nach Wunsch bemalen.

Lukullus

**ZUTATEN FÜR CA. 30 RAU-
TENSCHNITTEN:**

250 g Kokosfett,
   z.B. Palmin
50 g Kuvertüre (Voll-
   milch oder Zartbitter)
2 Eier
200 g Zucker
1 Bourbon-Vanillezucker
3 EL Kakao
10 eckige Backoblaten,
   20 x 12 cm

1. Das Kokosfett mit der Kuvertüre in einer Schüssel im Wasserbad schmelzen und wieder abkühlen lassen. Die Eier mit dem Rührgerät verquirlen und den Zucker mit dem Vanillezucker langsam einrieseln lassen. Die abgekühlte Fett-Kuvertüre-Mischung und den Kakao einrühren.

2. Eine Backoblate auf ein Brettchen legen und die Oblate messerrückendick mit der Schokoladenmasse bestreichen, die zweite Oblate darauflegen, etwas andrücken und wieder mit der Masse bestreichen usw., bis 5–6 Oblaten verbraucht sind. Mit einer Oblate als Deckel abdecken, mit einem Brettchen beschweren und im Kühlschrank aushärten lassen.

3. Mit einem scharfen, glatten Messer zuerst alle vier Seiten gerade schneiden, dann in Vierecke oder Rauten teilen.

Spritzgebäck

ZUTATEN FÜR 80–100 STÜCK:

250 g Butter oder
  Margarine
250 g Zucker
1 Pk. Vanillezucker
3 Eier
250 g gemahlene
  Mandeln oder Hasel-
  nüsse
400 g Mehl
½ Pk. Backpulver
1 Msp. Zimt
auf Wunsch: 100 g Zart-
  bitterkuvertüre

1. Die Butter oder Margarine mit dem Rührgerät glatt rühren, den Zucker und den Vanillezucker einrieseln lassen und das Ganze schaumig rühren. Die Eier einzeln dazurühren, dann die Mandeln bzw. Nüsse, das Mehl, das Backpulver und den Zimt unterheben. Am besten mit dem Knethaken kräftig durchkneten. Den Teig ca. 30 Minuten ruhen lassen.

2. Ein Backblech mit Backpapier auslegen. Den Teig in einen Spritz-beutel oder eine Gebäckspritze füllen und verschiedene Formen wie Kränzchen, Stangen oder S-Formen auf das Back-papier spritzen.

3. Im vorgeheizten Backofen bei 175 °C ca. 10 Minuten auf der mitt-leren Schiene backen.

4. Auf Wunsch die Kuvertüre in einer kleinen Schüssel über dem warmen Wasserbad auflösen und die Plätzchen jeweils zur Hälfte darin eintauchen. Auf einem Kuchengitter trocknen lassen.

Himmelsbrötchen

ZUTATEN FÜR CA. 60 STÜCK:

500 g Mehl

1 Pk. Backpulver

1 Msp. Zimt

300 g Zucker

1 Pk. Vanillezucker

250 g Butter

5 Eigelb

5 Eiweiß

250 g Zucker

250 g gemahlene Nüsse

Himbeermarmelade

1. Für den Mürbeteig das Mehl mit dem Backpulver, dem Zimt, 250 g Zucker und dem Vanillezucker vermischen. Die Butter in Flöckchen schneiden und zusammen mit den Eigelben mit der Mehlmischung zu einem glatten Teig verkneten. In Folie gewickelt ca. eine Stunde im Kühlschrank ruhen lassen.

2. Zwischenzeitlich die Eiweiße sehr steif schlagen und nach und nach den restlichen Zucker einrieseln lassen. Weiterschlagen, bis sich der Zucker gelöst hat, dann die gemahlenen Nüsse vorsichtig unterheben.

3. Den Mürbeteig auf einer bemehlten Arbeitsplatte dünn ausrollen, mit einem runden Ausstecher Plätzchen ausstechen und diese auf ein mit Backpapier ausgelegtes Backblech setzen. Die Nuss-Eischnee-Mischung in einen Spritzbeutel füllen und mit einer kleinen Spritztülle Kränzchen auf die ausgestochenen Plätzchen spritzen. Die Mitte mit einem Teelöffel Himbeermarmelade füllen.

4. Im vorgeheizten Backofen bei 175 °C ca. 15 Minuten backen.

Spitzbuben

ZUTATEN FÜR CA. 60 STÜCK:

360 g Mehl

150 g Zucker

1 Pk. Vanillezucker

1 Prise Salz

125 g ungeschälte
  geriebene Mandeln

250 g Butter

1 Ei

Puderzucker zum
  Bestäuben

rote Konfitüre oder
  Gelee für die Füllung

1. Das Mehl, den Zucker, den Vanillezucker, das Salz und die Mandeln mischen. Die kalte Butter in kleine Stückchen schneiden, dazugeben und mit einem Messer durchhacken. Das Ei darüber verteilen und alles mit den Händen rasch zu einem Teig verkneten, in Folie wickeln und eine Stunde kalt stellen.

2. Den Teig portionsweise am besten zwischen Backpapier dünn ausrollen und Kreise oder Sterne ausstechen. In die Hälfte der Teigkreise mit kleinen Ausstechern Herzchen, Kreise o.Ä. als Sichtfensterchen für die Konfitüre stechen.

3. Im vorgeheizten Backofen bei 175 °C ca. 7–8 Minuten backen. Etwas abkühlen lassen. Die Fensterplätzchen noch heiß mit Puderzucker bestreuen.

4. Das Gelee oder die Konfitüre leicht erwärmen und die Bodenplätzchen auf der Unterseite damit bestreichen und die Fensterplätzchen daraufsetzen.

Gefüllte Herzen

ZUTATEN FÜR CA. 30 HERZEN:

200 g Mehl

50 g Speisestärke,
    z.B. Mondamin

170 g Butter oder
    Margarine

70 g Zucker

1 Pk. Bourbon-Vanille-
    zucker

1 Ei

200 g Marzipan-
    rohmasse

75 g Puderzucker

2 Tropfen Bitter-
    mandelaroma

6 EL Orangen- oder
    Aprikosenmarmelade

Schokoglasur

ca. 30 halbierte Mandeln

1. Das Mehl mit der Speisestärke vermischen und auf die Arbeitsplatte sieben. Das Fett in kleinen Stückchen darauf verteilen und zusammen mit dem Zucker, dem Vanillezucker und dem Ei zu einem glatten Teig verkneten. In Folie wickeln und ca. eine Stunde im Kühlschrank ruhen lassen.

2. Das Backblech mit Backpapier auslegen. Den Teig messerrückendick ausrollen und Herzen ausstechen. Im vorgeheizten Backofen bei 180 °C ca. 6–8 Minuten backen und auf einem Kuchengitter auskühlen lassen.

3. Die Marzipanrohmasse mit dem Puderzucker und dem Bittermandelaroma verkneten und am besten zwischen zwei aufgeschnittenen Gefrierbeuteln dünn auswellen. Aus der Marzipanplatte mit einem etwas kleineren Ausstecher Herzen ausstechen.

4. Die Marmelade etwas erwärmen und jeweils zwei Teigherzen auf einer Seite mit der Marmelade bestreichen, ein Marzipanherz dazwischenlegen und die drei Herzen zusammendrücken. Mit Schokoglasur und halbierten Mandeln dekorieren.

Lebkuchen Nürnberger Art

ZUTATEN FÜR CA. 30 STÜCK:

100 g geschälte,
gehackte Mandeln

100 g gehackte
Haselnüsse

4 Eier

250 g feinster Zucker

1 Prise Salz

50 g gewürfeltes
Zitronat

50 g gewürfeltes
Orangeat

2 TL Lebkuchengewürz

250 g Mehl

Backoblaten, rund oder
eckig

150 g Zartbitter-
kuvertüre

halbe blanchierte
Mandeln

kandierte Kirschen

50 g Puderzucker

1 TL Zitronensaft

1. Die gehackten Mandeln und Haselnüsse in einer Pfanne ohne Fett hellbraun rösten. Die Eier mit dem Zucker zu einer dickcremigen, fast weißen Masse aufschlagen, Salz, Zitronat, Orangeat und Lebkuchengewürz zufügen.

2. Die gerösteten Nüsse mit dem Mehl vermischen und unter den Teig rühren, dabei so lange rühren, bis der Teig ganz dick ist. Den Teig abdecken und über Nacht im Kühlschrank ruhen lassen.

3. Den Backofen auf 175 °C vorheizen. Den Teig mit einem Spachtel ca. 1 Zentimeter dick auf die Oblaten aufstreichen, diese auf die Backbleche setzen und ca. 12–15 Minuten backen. Abkühlen lassen.

4. Die Kuvertüre im Wasserbad schmelzen und die Lebkuchen damit bestreichen, die Mandeln oder Kirschen daraufsetzen. Für weiße Lebkuchen den Puderzucker mit dem Zitronensaft verrühren und die Lebkuchen damit bestreichen, ebenfalls mit Mandeln verzieren.

Walnussküsschen

ZUTATEN FÜR CA. 60 STÜCK:

4 Eiweiß

1 Prise Salz

200 g Puderzucker

1 Fläschchen Butter-
vanillearoma

400 g grob gehackte
Walnüsse

1. Die Eiweiße mit der Prise Salz mit dem Rührgerät sehr steif schlagen, dann nach und nach den Puderzucker unter ständigem Weiterschlagen ein-rieseln lassen. Das Vanillearoma und die gehackten Walnüsse mit dem Rühr-löffel von Hand unterrühren.

2. Backbleche mit Backpapier aus-legen und mit dem Teelöffel kleine Häufchen auf das Blech setzen. Bei 150 °C (130 °C Umluft) ca. 20 Minuten backen. Die Plätzchen sollen noch sehr hell sein.

Anislaibchen

ZUTATEN FÜR CA. 80 STÜCK:

4 Eier

250 g feinster Zucker

250 g Mehl

1 TL gemahlener
   Anissamen

1 Msp. Backpulver

1. Die Eier mit dem Zucker über einem leicht erwärmten Wasserbad längere Zeit schlagen, bis die Masse weiß und dickcremig ist. Das Mehl mit dem gemahlenen Anissamen und dem Backpulver vermischen und nach und nach unter die Eimasse ziehen.

2. Ein Backblech mit Backpapier auslegen. Den Teig in einen Spritzbeutel füllen und mit runder Spritztülle kleine Häufchen auf das Blech setzen. Zwischen den Plätzchen großzügig Abstand halten, denn sie laufen mindestens auf die doppelte Größe auseinander.

3. Die Plätzchen über Nacht offen bei Zimmerwärme trocknen lassen. Dann im vorgeheizten Backofen bei 150 °C ca. 20–25 Minuten hellgelb backen, bis sich die Laibchen hochgewölbt haben.

Krokant-Makronen

60 g Zucker

150 g geschälte gehackte Mandeln

3 Eiweiß

160 g feinster Zucker

1 Pk. Vanillezucker

Saft einer halben Zitrone

75 g geriebene Zartbitterschokolade

Backoblaten (5 Zentimeter Durchmesser)

1. Den Zucker unter ständigem Rühren in einer Pfanne ca. 5 Minuten schmelzen, bis er karamellisiert. Die gehackten Mandeln dazugeben und so lange umrühren, bis die Mandeln ganz mit dem Karamell überzogen sind. Auf Alufolie schütten und auskühlen lassen. Dann zerbröseln.

2. Das Eiweiß in einer Schüssel zu steifem Schnee schlagen. Nach und nach den feinsten Zucker und den Vanillezucker einrieseln lassen sowie den Zitronensaft zugießen.

3. Dann die geriebene Schokolade und den zerbröselten Krokant vorsichtig unterheben. Ein mit Backpapier ausgelegtes Backblech mit Oblaten belegen und mit Hilfe von 2 Teelöffeln kleine Häufchen daraufsetzen. Achtung: Die Masse verläuft beim Backen, also die Oblaten nicht bis zum Rand mit Teig füllen.

4. Im vorgeheizten Backofen bei 140 °C ca. 20 Minuten backen. Auf einem Kuchengitter auskühlen lassen.

Pudelmützchen

50 g Zwieback

50 g Zartbitterschoko-
lade

200 g gemahlene Hasel-
nüsse oder Mandeln

2 EL Rum

1 Msp. Zimt

2 Eiweiß

60 g Zucker

Hagelzucker

1. Den Zwieback in einen großen Gefrierbeutel füllen und mit dem Nudelholz zu feinen Bröseln zerdrücken.

2. Die Zartbitterschokolade über dem Wasserbad schmelzen lassen und mit den Nüssen, dem Rum und dem Zimt vermischen.

3. Die Eiweiße mit dem Zucker sehr steif schlagen, mit der Nussmasse ver-mengen und zum Schluss die Zwieback-brösel darunterkneten. Aus dem Teig klei-ne Kugeln formen, in Hagelzucker wenden und auf ein mit Backpapier ausgelegtes Backblech setzen. Im vorgeheizten Ofen bei 190 °C ca. 12–15 Minuten backen.

Fruchtschnitten

1. Die Aprikosen und Feigen sehr fein würfeln und mit den Nüssen, den Sultaninen, den Mehrkornflocken, dem Sesam, dem Zimt und der Orangenschale vermischen.

2. Die Eiweiße mit den Handrührgerät steif schlagen, den Honig und den Zucker einrieseln lassen und ca. 10 Minuten fest weiterschlagen, bis sich der Zucker gelöst hat.

3. Die Eiweißmasse in eine große beschichtete Pfanne geben, die Früchtemischung darunterheben und bei schwacher Hitze und ständigem Rühren ca. 20 Minuten köcheln lassen.

4. Ein kleineres Backblech mit Backoblaten leicht überlappend auslegen, die noch warme Masse daraufgeben und mit einer Palette gleichmäßig flach drücken. Dann die Oberseite ebenfalls mit Oblaten belegen und etwas andrücken. Ein schweres Brett darauflegen, damit die Ecken nicht aufstehen, und über Nacht bei Zimmertemperatur trocknen lassen. In Rauten schneiden.

Nussecken

1. Die Teigzutaten zu einem glatten Teig verkneten. In Folie einwickeln und eine Stunde im Kühlschrank ruhen lassen.

2. Die Walnusskerne, die Haselnusskerne und die Mandeln grob hacken. Das Wasser mit der Butter, dem Zucker und dem Vanillezucker in einen Topf geben und bei sanfter Hitze aufkochen und wieder abkühlen lassen, dann die gemahlenen Haselnüsse und die gehackten Nüsse einrühren.

3. Ein Backblech mit Backpapier auslegen und den Teig darauf ausrollen. Das Johannisbeergelee auf der Teigplatte verstreichen. Dann die Nussmasse darauf verteilen und glatt streichen.

4. Im vorgeheizten Backofen bei 175 °C Umluft ca. 25 Minuten backen. Aus dem Ofen nehmen und abkühlen lassen, bis die Teigplatte lauwarm ist. Die Teigplatte in ca. 4 Zentimeter breite Streifen und die einzelnen Streifen in Dreiecke schneiden.

5. Die Kuvertüre grob hacken, das Kokosfett zugeben und zusammen über einem warmen Wasserbad schmelzen. Je eine Seite der Nusseckn mit der Kuvertüre bestreichen.

Printen

1. Den Honig mit dem braunen Zucker und der Butter langsam in einem Topf erwärmen, bis alles aufgelöst ist. In eine Rührschüssel füllen und abkühlen lassen. Die Gewürze, das Zitronat, den Grümmel, das mit dem Backpulver vermischte Mehl und das Ei dazukneten.

2. Den Teig auf einer bemehlten Arbeitsfläche ca. 5 Millimeter dick ausrollen und in ca. 3 Zentimeter breite und 6 Zentimeter lange Streifen schneiden. Mit Milch bestreichen und nach Gusto mit halbierten Mandeln dekorieren. Im vorgeheizten Backofen bei 170 °C ca. 12 Minuten backen.

Terrassen

ZUTATEN FÜR 20–25 STÜCK:

250 g Weizenmehl

1 gestrichener TL Back-
   pulver

80 g Zucker

1 Msp. Zimt

180 g kalte Butter

Erdbeermarmelade

1. Das Mehl mit dem Backpulver mischen und sieben. Dann auf der Arbeitsfläche zu einem Kranz formen.

2. In die Mitte des Mehlkranzes Zucker, Zimt und die Butter in kleinen Stückchen geben, dann mit dem Mehl vom Rand bedecken und mit dem Handballen zu einem Teigkloß verarbeiten.

3. Den Teig ausrollen und mit zwei oder drei Plätzchenausstechern derselben Form, aber unterschiedlicher Größe Plätzchen ausstechen.

4. Die Plätzchen bei 175 °C etwa 8–10 Minuten hellgelb backen. Auskühlen lassen.

5. Die kleineren Plätzchenformen mit Marmelade bestreichen und auf die größeren Formen setzen. Mit Puderzucker bestäuben und verzehren.

Gefüllte Walnuss-Schnitten

ZUTATEN FÜR CA. 50 STÜCK:

400 g Mehl

150 g Zucker

1 Prise Salz

200 g frisch gemahlene
  Walnüsse

1 Msp. Lebkuchen-
  gewürz

200 g Butter

1 Ei

2 EL Rum

150 g Marmelade
  nach Belieben

5 EL Orangenlikör

200 g Puderzucker

2 EL Zitronensaft

ca. 50 Walnusshälften

1. Das Mehl auf die Arbeitsfläche sieben und mit dem Zucker, dem Salz, den Nüssen und dem Lebkuchengewürz vermischen. Die Butter in Flöckchen darauf verteilen und alles mit dem Ei und dem Rum zu einem Teig verkneten. In Folie wickeln und ca. eine Stunde im Kühlschrank kühl stellen.

2. Den Teig auf einer bemehlten Arbeitsfläche messerrückendick ausrollen und mit gezackten Ausstechern (rund, rechteckig oder in Rautenform) ausstechen. Auf ein mit Backpapier ausgelegtes Backblech legen und im vorgeheizten Backofen bei 180 °C ca. 10–12 Minuten backen. Auf einem Kuchengitter auskühlen lassen.

3. Die Marmelade etwas erwärmen und mit 1 EL Likör verrühren. Jeweils ein Plätzchen damit bestreichen und ein zweites daraufsetzen.

4. Für die Glasur den Puderzucker mit dem restlichen Likör und dem Zitronensaft verrühren (muss dickflüssig sein) und die Oberseite der Plätzchen damit bestreichen. Jeweils eine Nusshälfte daraufsetzen.

Mignon-Herzen

ZUTATEN FÜR CA. 50 STÜCK:

180 g Mehl

80 g Zucker

80 g gemahlene
 Mandeln

60 g Butter

1 Ei

1 Prise Salz

abgeriebene Schale
 einer halben Zitrone

80 g geriebene Halb-
 bitter-Kuvertüre

1 Msp. Zimt

1 Msp. gemahlene
 Nelken

1 Eigelb

1 EL Milch

Zucker

Johannisbeergelee

125 g Vollmilch-Kuver-
 türe

1. Aus dem Mehl, dem Zucker, den Mandeln, der Butter, dem Ei, dem Salz, der Zitronenschale, der Kuvertüre und den Gewürzen einen glatten Teig kneten. Eine Stunde kühl ruhen lassen.

2. Den Teig auf bemehlter Arbeitsfläche ca. 2 Millimeter dünn ausrollen und Herzen ausstechen.

3. Auf ein mit Backpapier ausgelegtes Blech legen. Das Eigelb mit der Milch verquirlen. Die Herzen damit bestreichen und mit etwas Zucker bestreuen. ½ Stunde antrocknen lassen, dann im vorgeheizten Backofen bei 170 °C ca. 8–10 Minuten backen. Auskühlen lassen.

4. Jeweils zwei Herzen auf der Unter- seite mit erwärmtem Johannisbeer- gelee bestreichen und zusammensetzen.

5. Die Kuvertüre über dem Wasserbad schmelzen und die Plätzchen mit der Herzspitze darin eintauchen. Auf dem Kuchengitter trocknen lassen.

Zitronenbäumchen

ZUTATEN FÜR CA. 45 STÜCK:

3 Eigelb

120 g Zucker

1 Pk. Vanillezucker

300 g gemahlene
   Mandeln oder Nüsse

4 Tropfen Backöl Zitrone

1 Msp. Backpulver

200 g Puderzucker

5 EL Zitronensaft

1. Die Eigelbe mit dem Zucker und dem Vanillezucker dickcremig rühren. 250 g gemahlene Nüsse, das Backöl und das Backpulver darunterheben. Es muss sich ein fester Teig ergeben, der jedoch noch etwas klebt.

2. Etwas gemahlene Nüsse auf die Arbeitsplatte streuen und darauf den Teig ½ Zentimeter dick auswellen. Bäumchen (Herzen o.Ä. sehen auch schön aus) ausstechen und auf ein mit Backpapier ausgelegtes Backblech legen. Im vorgeheizten Backofen bei 180 °C ca. 10 Minuten backen.

3. Den Puderzucker mit dem Zitronensaft glatt rühren und die Bäumchen sofort nach dem Herausnehmen damit bestreichen. Trocknen lassen.

Zimtsterne

1. Die Mandeln in einem Tuch fest abreiben und fein mahlen. Die Eiweiße mit dem Salz sehr steif schlagen, dabei nach und nach unter ständigem Schlagen den Zucker und den Zitronensaft zufügen. 1 Tasse des Eischnees für den Guss zurückbehalten. Unter den restlichen Schnee vorsichtig die Mandeln und den Zimt unterheben.

2. Die Arbeitsfläche mit Zucker oder gemahlenen Mandeln bestreuen. Den Teig in kleinen Portionen (er bekommt leicht Risse) 0,8 Zentimeter dick ausrollen und Sterne ausstechen.

3. Backbleche mit Backpapier auslegen, die ausgestochenen Sterne darauflegen und mit dem zurückbehaltenen Eischnee bestreichen. Dabei darauf achten, dass die Glasur bis in die Spitzen reicht. Evtl. mit einem Holzstäbchen nachhelfen. Es empfiehlt sich, die Zimtsterne vor dem Backen bei Raumtemperatur etwas antrocknen zu lassen.

4. Damit die Glasur schön weiß bleibt, die Sterne bei max. 140 °C ca. 10 Minuten auf der mittleren Schiene backen.

Nussmakronen

ZUTATEN FÜR CA. 50 STÜCK:

3 Eiweiß

1 Prise Salz

250 g feinster Zucker

250 g gemahlene
  Walnüsse oder
  Mandeln

1 Msp. Zimt

1 TL Arrak oder Rosen-
  wasser

80 kleine Oblaten

Zartbitterkuvertüre

gehackte Nüsse
  oder Pistazien

1. Die Eiweiße mit einer Prise Salz sehr schaumig schlagen, nach und nach den Zucker einrieseln lassen und weiterschlagen, bis ein sehr steifer Schnee entstanden ist. (Wirklich längere Zeit schlagen, denn Eischnee kann nicht wie Schlagsahne gerinnen.)

2. Dann die gemahlenen Nüsse, den Zimt und den Arrak bzw. das Rosenwasser unterziehen.

3. Ein Backblech mit Oblaten auslegen und mit einem Teelöffel oder einem Spritzbeutel mit großer Lochtülle Häufchen auf die Oblaten setzen. Im vorgeheizten Backofen bei 120 °C ca. 20 Minuten backen. Abkühlen lassen.

4. Die Kuvertüre in einer Schüssel über dem warmen Wasserbad schmelzen, die Makronen kopfüber hineintauchen. Mit gehackten Nüssen oder Pistazien dekorieren.

Schwarz-Weiß-Gebäck

250 g Mehl

125 g feinster Zucker

½ TL Backpulver

1 Pk. Vanillezucker

125 g Butter

1 Ei

1 Eigelb

2 EL Arrak

2 EL Kakao

1 Eiweiß zum
   Bestreichen

1. Das Mehl sieben, mit dem Zucker, dem Backpulver und dem Vanillezucker vermischen. Die Butter in Flöckchen schneiden und zusammen mit dem Ei, dem Eigelb, dem Arrak und der Mehlmischung zu einem glatten Teig verkneten. Den Teig teilen und unter die eine Hälfte den Kakao gleichmäßig verkneten. Beide Teige in Folie wickeln und ca. eine Stunde kalt stellen.

2. Die beiden Teige nochmals teilen. Jeden Teig zu einer dünnen Teigplatte ausrollen, mit Eiweiß bestreichen und einen schwarzen und einen weißen Teig zusammensetzen. Auf der Oberseite mit Eiweiß bestreichen und zusammenrollen. Ca. 30 Minuten kalt stellen. Dann mit einem scharfen Messer in ca. 0,5 Zentimeter breite Scheiben schneiden, auf ein mit Backpapier ausgelegtes Backblech setzen und bei 175 °C ca. 10 Minuten backen.

3. Aus den beiden übrigen Teigen je eine ca. 1,5 Zentimeter dicke Platte auswellen, diese in ca. 1,5 Zentimeter breite Streifen schneiden und die Teigstreifen mit Eiweiß schachbrettartig zusammensetzen. In 0,5 Zentimeter breite Scheiben schneiden und backen.

Früchtetaler

375 g Mehl

250 g Zucker

1 Pk. Vanillezucker

1 Prise Salz

250 g Butter

1 EL Milch

200 g gemischte
kandierte Früchte oder
Trockenfrüchte
(Aprikosen, Ananas,
Zitronen etc.), klein
gewürfelt

1 EL Zitronensaft

100 g Puderzucker

1. Das Mehl mit dem Zucker, dem Vanillezucker und dem Salz vermischen. Die Butter in Flöckchen daraufsetzen und zusammen mit der Milch und den gewürfelten Früchten zu einem Teig verkneten.

2. Aus dem Teig Rollen mit ca. 3 Zentimetern Durchmesser formen und diese wiederum in Scheiben schneiden. Auf ein mit Backpapier ausgelegtes Backblech legen und im vorgeheizten Backofen bei 175 °C ca. 10–15 Minuten backen.

3. Aus dem Zitronensaft und dem Puderzucker eine Glasur herstellen und die abgekühlten Taler auf der Oberseite damit bestreichen.

VERLAGSGRUPPE PATMOS

PATMOS
ESCHBACH
GRÜNEWALD
THORBECKE
SCHWABEN

Die Verlagsgruppe
mit Sinn für das Leben

Sämtliche Fotos im Innenteil und
die Rezepte stammen von Magda Drostel.

Für die Schwabenverlag AG ist
Nachhaltigkeit ein wichtiger
Maßstab ihres Handelns. Wir
achten daher auf den Einsatz
umweltschonender Ressourcen
und Materialien. Dieses Buch
wurde auf FSC®-zertifiziertem
Papier gedruckt. FSC (Forest
Stewardship Council®) ist eine
nicht staatliche, gemeinnützige
Organisation, die sich für eine
ökologische und sozial verant-
wortliche Nutzung der Wälder
unserer Erde einsetzt.

Alle Rechte vorbehalten
© 2013 Jan Thorbecke Verlag der
Schwabenverlag AG, Ostfildern
www.thorbecke.de

Gestaltung: Finken & Bumiller,
Stuttgart, Saskia Bannasch
Umschlagabbildung: mauritius
images/Brigitte Protzel
Druck: Firmengruppe APPL,
Wemding
Hergestellt in Deutschland
ISBN 978-3-7995-0430-0

Butterzeug * Husare

reifen * Bischofsmü

en * Ausstecherle * N

* Berliner Brot * Ch

ukullus * Spritzgebä

n * Spitzbuben * Gef

chen Nürnberger A

n * Anislaibchen * K

udelmützchen * Fru

cken * Printen * Terr

uss-Schnitten * Mig

nbäumchen * Zimts

n * Schwarz-Weiß-